歌德

德汉对照

歌德　诗　选

Ausgewählte Gedichte von Goethe

欧凡 /译

外语教学与研究出版社
北京

图书在版编目(CIP)数据

歌德诗选 / (德) 歌德(Goethe, J. W. V.)著；欧凡译. —北京：外语教学与研究出版社，2006.6
ISBN 978-7-5600-5637-1

Ⅰ. 歌… Ⅱ. ①歌… ②欧… Ⅲ. ①德语—汉语—对照读物 ②诗歌—作品集—德国—近代 Ⅳ. H339.4：I

中国版本图书馆 CIP 数据核字 (2006) 第 055861 号

出 版 人：李朋义
责任编辑：王 潇
封面设计：王 薇
出版发行：外语教学与研究出版社
社 址：北京市西三环北路 19 号 (100089)
网 址：http://www.fltrp.com
印 刷：北京京师印务有限公司印刷
开 本：787×1092 1/32
印 张：6
版 次：2007 年 4 月第 1 版 2007 年 4 月第 1 次印刷
书 号：ISBN 978-7-5600-5637-1
定 价：9.90 元

* * *

小序

我最初译歌德的诗，只是随缘随兴，可说得之于无意之间。后来渐有积累，伴随着想介绍它们的愿望，才开始作更系统一些的选译。

这里译出的64首诗基本上涉及了诗人一生创作的各个时期和他的各种诗体。希望通过它们读者可以略窥诗人的与诗歌创作融为一体的一生：浪漫的少年情怀、中壮年时期的沉稳精进和对艺文的锲而不舍的追求、步入老年之后的恬适和沧桑感以及对东方古文明（先是波斯、土耳其，后是中国）的心仪，而贯穿各个时期的则是他对爱情的炽热的、恒定的追求。爱情给了诗人丰富的一生力、热和美，它们又通过诗人的笔流注进他的每一诗行，这应该是歌德的诗篇主要魅力所在。

正是受这魅力的吸引，才使我不揣谫陋地把这本小集子呈献在读者面前。当然，它只是通往诗的王国里几座华厦之一的初阶的始级。我深知译诗在传情达意上难以胜任之处正多，读者们当能在同时印出的原文中循变调以寻正音。

没有来自朋友们，特别是年轻朋友们的鼓励和帮助，我肯定不能在译诗的筚路之旅屡踬屡前，求索至今。我在此衷心感谢他们。最后也感谢外研社友好的和富有效率的合作。

欧凡

2006 岁杪

Inhalt

目 录

Inhalt

目 录

Inhalt

1 AN DEN MOND

Schwester von dem ersten Licht,
Bild der Zärtlichkeit in Trauer!
Nebel schwimmt mit Silberschauer
Um dein reizendes Gesicht.
Deines leisen Fußes Lauf
Weckt aus Tagverschloßnen Höhlen
Traurig abgeschiedne Seelen,
Mich, und nächt'ge Vögel auf.

Forschend übersieht dein Blick
Eine großgemeßne Weite!
Hebe mich an deine Seite,
Gib der Schwärmerei dies Glück!
Und in wollustvoller Ruh,
Säh der weitverschlagne Ritter
Durch das gläserne Gegitter,
Seines Mädgens Nächten zu.

1 给月亮

众光之首[1]的姐妹，
凄切柔情的表象！
雾气的银色的光芒，
掩映着你的姣美。
你的细步轻盈，
把我，这忧伤自锁的灵魂，
自不见天日的洞穴唤醒，
还有夜鸟之群。

你的探寻的眼光，
扫视浩宇恢恢！
唉，何不给热恋之心一个机会，
把我提携到你的身旁！
好让这沮丧的骑士
透过窗格和玻璃，
静静地，心头狂喜，
把心上人的夜闺窥伺。

Dämmrung wo die Wollust thront,
Schwimmt um ihre runden Glieder.
Trunken sinkt mein Blick hernieder.
Was verhüllt man wohl dem Mond.
Doch, was das für Wünsche sind!
Voll Begierde zu genießen,
So da droben hängen müssen:
Ei, da schieltest du dich blind.

在他狂喜的高潮，
疏影浮上了她丰腴的身体。
我陶醉地垂眼凝视。
有什么能挡住月亮的偷瞧！
唉，这心愿是多么邪！
要把爱的欲望满足，
就得高悬太虚：
哎，你可别在那儿把眼看斜。

1）指太阳。

2 EIN GRAUER, TRÜBER MORGEN

Ein grauer, trüber Morgen
Bedeckt mein Liebes Feld,
Im Nebel tief verborgen
Liegt um mich her die Welt.
O Liebliche Fridricke,
Dürft ich nach Dir zurück!
In einem Deiner Blicke
Liegt Sonnenschein und Glück.

Der Baum in dessen Rinde
Mein Nam bei Deinem Steht,
Wird bleich vom rauhen Winde
Der jede Lust verweht.
Der Wiesen grüner Schimmer
Wird trüb wie mein Gesicht,
Sie Sehen die Sonne nimmer,
Und ich Fridricken nicht.

2 灰沉沉的早晨

灰沉沉的早晨
笼罩住我的福地，
周围的世界深深
掩埋在浓雾里。
噢，亲爱的芙丽迪，
我多么想回到你身旁！
你的明眸一闪里
藏着幸福和阳光。

在这树干上，
并列的你我之名
将被无情的风霜
渐渐磨泯。
牧草地上的点点闪光
将从此黯去，一如我的容衰神疲。
因为它们再见不到太阳，
一如我再见不到芙丽迪。

Bald geh ich in die Reben
Und herbste Trauben ein
Umher ist alles Leben
Es sprudelt neuer Wein,
Doch in der öden Laube,
Ach, denk ich wär Sie hier.
Ich brächt ihr diese Traube,
Und Sie – was gäb sie mir

不久我将去葡萄园，
把葡萄收获入仓，
周围欢乐一片，
新酒正在成酿，
但在光秃的小亭边，
我不禁臆想她的在场。
我会献给她葡萄串串
而她就会回偿——

3 MAILIED

Wie herrlich leuchtet
Mir die Natur!
Wie glänzt die Sonne!
Wie lacht die Flur!

Es dringen Blüten
Aus jedem Zweig
Und tausend Stimmen
Aus dem Gesträuch,

Und Freud' und Wonne
Aus jeder Brust.
O Erd'! o Sonne!
O Glück! o Lust!

O Lieb' o Liebe!
So golden-schön,
Wie Morgenwolken
Auf jenen Höhn!

3 五月之歌

大自然多么
光彩照人!
太阳多明亮!
田野笑得多开心!

枝头,
百花竞放,
树丛里,
百声竞扬,

欢欣与喜悦
荡在每个胸膛。
哦大地! 哦太阳!
哦幸福! 哦轻狂!

哦爱情啊爱情!
金光闪闪
像朝云
浮游长天!

Du segnest herrlich
Das frische Feld,
Im Blütendampfe
Die volle Welt.

O Mädchen, Mädchen,
Wie lieb' ich dich!
Wie blickt dein Auge!
Wie liebst du mich!

So liebt die Lerche
Gesang und Luft,
Und Morgenblumen
Den Himmelsduft,

Wie ich dich liebe
Mit warmem Blut,
Die du mir Jugend
Und Freud' und Mut

你赐福
清新的原野。
花气弥漫
的缤纷世界。

哦姑娘呀姑娘，
我爱你多真！
你的流盼！
你爱我多深！

云雀爱歌唱
和空气的清新，
晨花爱熏风
和九天的流芬，

一如我爱你
以热血如火，
是你，赐我青春
与欢乐，激励我

Zu neuen Liedern
Und Tänzen gibst.
Sei ewig glücklich,
Wie du mich liebst!

迈向新的放歌，
新的翩舞。
祝愿你永享欢乐，
如作爱河之浴！

4 PILGERS MORGENLIED

An Lila

Morgennebel, Lila,
Hüllen deinen Turm um.
Soll ich ihn zum
Letzten Mal nicht sehn!
Doch mir schweben
Tausend Bilder
Seliger Erinnerung
Heilig warm um's Herz.
Wie er so stand
Zeuge meiner Wonne,
Als zum ersten mal
Du den Fremdling
Ängstlich liebevoll
Begegnetest
Und mit einem mal
Ew'ge Flammen
In die Seel' ihm warfst.
Zische, Nord
Tausendschlangenzüngig

4 朝圣者的晨曲

——给丽娜[1]

晨雾笼罩住
你的塔，
这最后一次，丽娜
我又见不到它！
但千万幅
唤起欢愉回忆的
图景温馨地
浮动在我心头。
它矗立着
见证了我无边的幸福
当你初次
羞涩而亲切地
接待我这陌生客，
突如其来地把
永恒之火
投进我的灵魂。

北风啊！任你似
千条蛇舌的嘶嘶

Mir um's Haupt!
Beugen sollst du's nicht!
Beugen magst du
Kind'scher Zweige Haupt,
Von der Sonne
Muttergegenwart geschieden.
Allgegenwärt'ge Liebe!
Durchglühst mich!
Beutst dem Wetter die Stirn,
Gefahren die Brust,
Hast mir gegossen
In's frühwelkende Herz
Doppeltes Leben,
Freude zu leben,
Und Mut!

掠过我的头顶！
你不会弯腰！
弯腰的只会是
幼嫩的枝梢，
失去了阳光，
万物之母的照拂。
啊！无所不在的爱！
请把我灼红，把我烧透！
你额迎风霜冰雪，
胸纳百般凶险，
浇我
早凋的心
以双重的生命，
生之欢乐，
生之勇气！

1）丽娜原名路易丝·封·齐格勒，是巴特霍姆堡侯爵的宫女，霍姆堡在歌德的家乡附近，宫堡和塔至今犹存。诗中的"你"除指丽娜外，也指塔和北风。全诗几乎全不用韵，以短句缀成，论者谓十分形似挺立的高塔。

5 HERBSTGEFÜHL

Fetter grüne, du Laub',
Am Rebengeländer
Hier mein Fenster herauf;
Gedrängter quellet,
Zwillingsbeeren, und reifet
Schneller und glänzend voller.
Euch brütet der Mutter Sonne
Scheideblick; euch umsäuselt
Des holden Himmels
Fruchtende Fülle;
Euch kühlet des Mondes
Freundlicher Zauberhauch,
Und euch betauen, ach!
Aus diesen Augen
Der ewig belebenden Liebe
Vollschwellende Tränen.

5 秋感

浓绿，你，满缀
栏架的葡萄藤，
排窗而来；
并蒂的葡萄球，
鼓得圆溜溜的，一天天
成熟而光泽诱人。
你们受着太阳母亲
临去回眸的抚育；
晴蔼熏风
醇化万物的吹拂；
有月光的轻柔
呼吸为你们送凉，
还有，自这永葆青春的，啊！
爱情之眼，
盈盈欲滴的泪串
把你们滋润。

6 WONNE DER WEHMUT

Trocknet nicht, trocknet nicht,
Tränen der heiligen Liebe!
Ach nur den halbtrocknen Augen schon
Wie öde, tot ist die Welt.
Trocknet nicht, trocknet nicht,
Tränen der ewigen Liebe!

圣洁之爱之珠泪，
请君长洒长溅流！
倘使此泪不满眼，
世界何异骷髅林。
长洒长溅长长流，
永恒之爱之珠泪！

7 HOFFNUNG

Schaff, das Tagwerk meiner Hände,
Hohes Glück, daß ich's vollende!
Laß, o laß mich nicht ermatten!
Nein es sind nicht leere Träume;
Jetzt nur Stangen, diese Bäume
Geben einst noch Frucht und Schatten.

7 希望

耕耘，双手的每日之计，
乐无极，当日课已毕！
自策勿怠勿嬉！
这不会是虚梦一场；
莫道眼前秃枝无模样，
他日浓阴硕果两可期！

8 WANDRERS NACHTLIED

Der du von dem Himmel bist
Alles Leid und Schmerzen stillest,
Den, der doppelt elend ist,
Doppelt mit Erquickung füllest,
Ach! ich bin des Treibens müde!
Was soll all der Schmerz und Lust?
Süßer Friede!
Komm, ach komm in meine Brust!

你，来去九天的仙客，
能解人之忧消人之灾，
谁要是倍受困厄，
你也会倍加垂爱，
啊！我心已倦于世情，
苦乐于我为价犹几何？
甜蜜的宁静！
来吧，飞进我的心壑！

9 RASTLOSE LIEBE

Dem Schnee, dem Regen,
Dem Wind entgegen,
Im Dampf der Klüfte,
Durch Nebeldüfte,
Immer zu! Immer zu!
Ohne Rast und Ruh!

Lieber durch Leiden
Möcht' ich mich schlagen,
Als so viel Freuden
Des Lebens ertragen.
Alle das Neigen
Von Herzen zu Herzen,
Ach wie so eigen
Schaffet das Schmerzen!

Wie soll ich fliehen?
Wälderwärts ziehen?
Alles vergebens!
Krone des Lebens,
Glück ohne Ruh,
Liebe, bist du!

9 永无休止的爱情

冒着霜雪凄雨，
迎着寒风呼呼，
走进深谷葱笼，
穿越雾气濛濛，
但去莫回首！
但去莫停留！

我宁愿搏击
痛苦之浪，
也胜似
安然把欢乐享。
千般痛，万般苦，
都只缘，
两心深处
那玄妙的灵犀一点！

我将逃往何处？
遁进森林，苦修独居？
一切都将枉然！
生命的皇冠，
劳人的福祉，
爱情，你就是！

10 AN DEN MOND

Füllest wieder Busch und Tal
Still mit Nebelglanz,
Lösest endlich auch einmal
Meine Seele ganz;

Breitest über mein Gefild
Lindernd deinen Blick,
Wie des Freundes Auge, mild
Über mein Geschick.

Jeden Nachklang fühlt mein Herz
Froh und trüber Zeit,
Wandle zwischen Freud' und Schmerz
In der Einsamkeit.

Fließe, fließe, lieber Fluß!
Nimmer werd' ich froh,
So verrauschte Scherz und Kuß,
Und die Treue so.

10 对月

你又洒进林丛和山谷，
悄然，以迷濛的光芒，
我的灵魂，也再度
重沐你解语的清光；

你举目轻扫，在
我心的田原，
有如挚友的眼波，蔼蔼
静观我命运的变迁。

清辞余音[1]缭绕我心，勾起
欢乐与忧伤的记忆翻涌，
我独踏孤寂，
往返于欣喜与悲痛。

奔流，奔流，亲爱的小河[2]！
欢乐难再，不堪忆
昔日的笑语欢歌，
亲吻和盟誓。

Ich besaß es doch einmal,
Was so köstlich ist!
Daß man doch zu seiner Qual
Nimmer es vergißt!

Rausche, Fluß, das Tal entlang,
Ohne Rast und Ruh,
Rausche, flüstre meinem Sang
Melodien zu.

Wenn du in der Winternacht
Wütend überschwillst,
Oder um die Frühlingspracht
Junger Knospen quillst.

Selig, wer sich vor der Welt
Ohne Haß verschließt,
Einen Freund am Busen hält
Und mit dem genießt,

我曾经
拥有那么多良辰花时！
刻骨铭心，
永难忘记！

涌流吧，小河，穿过山谷，
莫犹豫，莫停留，
涌流吧，为我的歌曲
添韵增柔。

你怒涨如轮
独御冬夜的严寒，
你清辉盈盈
俯瞰蓓蕾装点春的烂漫。

有福的人将有缘
把怨嗔忘光，
埋首知心人胸间
与之共享。

Was, von Menschen nicht gewußt
Oder nicht bedacht,
Durch das Labyrinth der Brust
Wandelt in der Nacht.

此乐，——凡人不知，
也难共——
月色里，
徜徉在胸膛的迷宫之中。

1）歌德的女友夏绿蒂·封·斯泰因(Charlotte von Stein)曾写过一首同题的诗。这里当是指这首诗。

2）有的学者认为歌德在这里联想起另一位女友克丽丝特·封·拉斯贝尔克（Christel von Lassberg)自沉的伊尔姆(Ilm)河。

11 DER FISCHER

Das Wasser rauscht', das Wasser schwoll,
Ein Fischer saß daran,
Sah nach dem Angel ruhevoll,
Kühl bis ans Herz hinan.
Und wie er sitzt und wie er lauscht,
Teilt sich die Flut empor;
Aus dem bewegten Wasser rauscht
Ein feuchtes Weib hervor.

Sie sang zu ihm, sie sprach zu ihm:
Was lockst du meine Brut,
Mit Menschenwitz und Menschenlist,
Hinauf in Todesglut?
Ach! wüßtest du, wie's Fischlein ist
So wohlig auf dem Grund,
Du stiegst herunter, wie du bist,
Und würdest erst gesund!

11 渔郎

水声琅琅，水波扬扬，
渔郎独坐水边，
静静地盯着鱼钩不放，
凉气直袭他的心间。
他耳听眼观，
陡然间，波浪分处，
有女漉然，
劈波而出。

她既歌且吟，把话来问。
是什么，诱使你，巧用心机，
残害我的子孙，
把它们柴烤炭炙？
啊！你知否，水底的鱼儿
是多么快活逍遥，
要是下来亲身一试，
你就会其乐陶陶！

Labt sich die liebe Sonne nicht,
Der Mond sich nicht im Meer?
Kehrt wellenatmend ihr Gesicht
Nicht doppelt schöner her?
Lockt dich der tiefe Himmel nicht,
Das feuchtverklärte Blau?
Lockt dich dein eigen Angesicht
Nicht her in ew'gen Tau?

Das Wasser rauscht', das Wasser schwoll,
Netzt' ihm den nackten Fuß;
Sein Herz wuchs ihm so sehnsuchtsvoll,
Wie bei der Liebsten Gruß.
Sie sprach zu ihm, sie sang zu ihm;
Da war's um ihn geschehn:
Halb zog sie ihn, halb sank er hin,
Und ward nicht mehr gesehn.

落日戏海，
残月饮澜，
岂不是为了涤去尘埃，
容光焕发，重临人间？
晴空的澄碧似洗，
岂不令你意牵情惹？
你水底的仪容俊秀无匹，
岂不使你恋恋不舍？

水声琅琅，水波扬扬，
浪花溅湿了他的脚；
他心中的欲望在燃旺，
仿佛意中人正相招。
她把话儿问，把歌儿吟；
一幕奇迹正登场：
半被牵拽半自沉，
水边不见了渔郎。

12 GRENZEN DER MENSCHHEIT

Wenn der uralte,
Heilige Vater
Mit gelassener Hand
Aus rollenden Wolken
Segnende Blitze
Über die Erde sä't,
Küß ich den letzten
Saum seines Kleides,
Kindliche Schauer
Treu in der Brust.

Denn mit Göttern
Soll sich nicht messen
Irgend ein Mensch.
Hebt er sich aufwärts
Und berührt
Mit dem Scheitel die Sterne,
Nirgends haften dann
Die unsichern Sohlen,
Und mit ihm spielen
Wolken und Winde.

12 人的界限

当太初之时，
万物的圣父
信手一挥，
自翻涌的云间，
把赐福的春雷
撒上人的土地，
我曾亲吻
他衣褶的末端，
满心童稚的敬畏，
满怀虔信。

没有人
能把自己
与诸神等量齐观。
要是他试图
以额触星，
那么，他的足底
就会踩空，
就会任由
风和云戏弄。

Steht er mit festen,
Markigen Knochen
Auf der wohlgegründeten,
Dauernden Erde;
Reicht er nicht auf,
Nur mit der Eiche
Oder der Rebe
Sich zu vergleichen.

Was unterscheidet
Götter von Menschen?
Daß viele Wellen
Vor jenen wandeln,
Ein ewiger Strom:
Uns hebt die Welle,
Verschlingt die Welle,
Und wir versinken.

要是他藉着
壮健的筋骨，
规规矩矩站在
结实而不善变的地上；
他也还难以胜任
和橡树
或葡萄藤
比一比高低。

神和人
到底差别何在？
只消看：重重波浪
在诸神足下翻卷变幻，
形成了永恒之河：
在其中，浪把我们
卷起、吞噬，
我们以灭顶告终。

Ein kleiner Ring
Begrenzt unser Leben,
Und viele Geschlechter
Reihen sich dauernd
An ihres Daseins
Unendliche Kette.

一个小小的圈
把我们的生命围住，
一代又一代人
依次排队站到
这生之链，
绵绵不绝。

13 GESANG DER GEISTER ÜBER DEN WASSERN

Des Menschen Seele
Gleicht dem Wasser:
Vom Himmel kommt es,
Zum Himmel steigt es,
Und wieder nieder
Zur Erde muß es,
Ewig wechselnd.

Strömt von der hohen,
Steilen Felswand
Der reine Strahl,
Dann stäubt er lieblich
In Wolkenwellen
Zum glatten Fels,
Und leicht empfangen
Wallt er verschleiernd,
Leisrauschend
Zur Tiefe nieder.

13 精灵的水之吟

人的灵魂
好比是水：
来自天上，
回升九霄，
又不得不
降回大地
循环不绝，周而复始。

银泉闪闪
飞泻自
危崖峭壁，
戏波云间，
沿着
挺直的崖壁，
略作顿抑，
嘈嘈作响，
似面纱般
翻落深涧。

Ragen Klippen
Dem Sturze entgegen,
Schäumt er unmutig
Stufenweise
Zum Abgrund.

Im flachen Bette
Schleicht er das Wiesental hin,
Und in dem glatten See
Weiden ihr Antlitz
Alle Gestirne.

Wind ist der Welle
Lieblicher Buhler;
Wind mischt vom Grund aus
Schäumende Wogen.

Seele des Menschen,
Wie gleichst du dem Wasser!
Schicksal des Menschen,
Wie gleichst du dem Wind!

遇到危石
横空挡路，
他就愠然
翻出浪花
分层流泻。

在平坦的谷底，
他缓缓流向牧野，
而在波平似镜的
湖面，群星
欣然绽开
它们的容颜。

风是浪的
情郎；
它爱从怒涛之底
掺和、搅荡。

人的灵魂，
你多么像水！
人的命运，
你多么像风！

14 WANDRERS NACHTLIED

Über allen Gipfeln
Ist Ruh,
In allen Wipfeln
Spürest du
Kaum einen Hauch;
Die Vögelein schweigen im Walde.
Warte nur! balde
Ruhest du auch.

14 游子夜歌

群峰之巅
是静谧，
树梢之间
你难觅
一丝微风；
小鸟深宿林丛。
不消多等！
你也归来其中。

15 NACHTGEDANKEN

Euch bedaur' ich, unglücksel'ge Sterne,
Die ihr schön seid und so herrlich scheinet,
Dem bedrängten Schiffer gerne leuchtet,
Unbelohnt von Göttern und von Menschen:
Denn ihr liebt nicht, kanntet nie die Liebe!
Unaufhaltsam führen ew'ge Stunden
Eure Reihen durch den weiten Himmel.
Welche Reise habt ihr schon vollendet!
Seit ich weilend in dem Arm der Liebsten
Euer und der Mitternacht vergessen.

15 夜思

我为你们惋惜，不幸的星星，
你们美丽的，永远光彩照人，
乐于为失路的水手指引航向，
却得不到神和人的酬报：
因为你们不识得爱情！
永恒的时间无止无休
驰流过你们的班行，在无垠的天庭。
你们却从未作过一次旅行！
自从我徜徉在情人的臂弯，
我早就把你们和夜忘个干净。

16 DER PARK

Welch ein himmlischer Garten entspringt
aus Öd' und aus Wüste,
Wird und lebet und glänzt herrlich im
Lichte vor mir.
Wohl den Schöpfer ahmet iht nach, ihr
Götter der Erde!
Fels und See und Gebüsch, Vögel und
Fisch und Gewild.
Nur, daß euere Stätte sich ganz zum Eden
vollende,
Fehlet hier ein Glücklicher, fehlt euch am
Sabbat die Ruh.

自荒原、自沙漠，崛起了这天上人间，
奇光异彩夺我之目，迷我之魂。
地上的众神啊，你们有意要把造物主模仿！
山川、湖泊、丛林、鸟兽样样俱全。
可惜，你们的安乐窝还成不了伊甸园，
因为它缺了一个快乐汉，缺了安息日的静闲。

17 HARFENSPIELER

Wer nie sein Brot mit Tränen aß,
Wer nie die kummervollen Nächte
Auf seinem Bette weinend saß,
Der kennt euch nicht, ihr himmlischen Mächte!

Ihr führt ins Leben uns hinein,
Ihr laßt den Armen schuldig werden,
Dann überlaßt ihr ihn der Pein:
Denn alle Schuld rächt sich auf Erden.

谁不曾和泪吞咽面包，
不曾床头愁坐，
含泪把更漏熬，
谁就不识你们，天上的各路神魔！

你们把人赶进生活，
让穷人走上犯罪的路，
让他们任由痛苦折磨：
因为这世上凡是罪就要赎。

18 MIGNON

Kennst du das Land? wo die Citronen blühn,
Im dunkeln Laub die Gold-Orangen glühn,
Ein sanfter Wind vom blauen Himmel weht,
Die Myrte still und hoch der Lorbeer steht,
Kennst du es wohl?
Dahin! Dahin
Möcht' ich mit dir, o mein Geliebter, ziehn!

Kennst du das Haus? Auf Säulen ruht sein Dach,
Es glänzt der Saal, es schimmert das Gemach,
Und Marmorbilder stehn und sehn mich an:
Was hat man dir, du armes Kind, getan?
Kennst du es wohl?
Dahin! Dahin
Möcht' ich mit dir, o mein Beschützer, ziehn!

18 迷娘曲

你可知，那柠檬花开的地方？
浓阴深覆，金橙流黄，
轻柔的风，来自天边。
桃金娘默默，月桂枝挺然。
你可知道？
　　那里！那里
我的爱，我愿与你同去流连！

你可知，那玉柱通顶的巨厦？
大厅辉耀，华屋摇光，
罗列的大理石像把我仔细端详：
孩子，是谁把你欺负成这般模样？
你可知道？
　　那里！那里
我的恩人，我愿与你同去寻访！

Kennst du den Berg, und seinen Wolkensteg?
Das Maultier sucht im Nebel seinen Weg;
In Höhlen wohnt der Drachen alte Brut;
Es stürzt der Fels und über ihn die Flut.
Kennst du ihn wohl?
                Dahin! Dahin
Geht unser Weg! o Vater, laß uns ziehn!

你可知，那仙山和它的云梯隐隐？
青驴踏雾，寻觅幽径；
洞穴里，老龙的子孙盘守；
石崖崩裂，洪潮泛流——
你可知道？
　　那里！那里
噢，父亲，让我们同去遨游！

19 FREUDVOLL UND LEIDVOLL

Freudvoll
Und leidvoll,
Gedankenvoll sein,
Langen
Und bangen
In schwebender Pein,
Himmelhoch jauchzend,
Zum Tode betrübt;
Glücklich allein
Ist die Seele, die liebt.

19 欢欢喜喜、悲悲戚戚

欢欢喜喜、
悲悲戚戚，
重重心事只深藏，
盼漏盼更、
愁水愁风，
痛苦把作秋千荡，
乐来冲上天，
悲来魂欲断；
不须问仙乡，
只把鸳鸯羡。

20 ANAKREONS GRAB

Wo die Rose hier blüht, wo Reben um Lorbeer sich schlingen,
Wo das Turtelchen lockt, wo sich das Grillchen ergetzt,
Welch ein Grab ist hier, das alle Götter mit Leben
Schön bepflanzt und geziert? Es ist Anakreons Ruh.
Frühling, Sommer und Herbst genoß der glückliche Dichter;
Vor dem Winter hat ihn endlich der Hügel geschützt.

20 阿那克列翁[1]的墓

在那玫瑰盛开的地方，葡萄藤闲绕月桂枝，
　　斑鸠喁喁求偶、蟋蟀唧唧欢唱，
一座多么动人心神的墓，是否诸神曾以生之灵
　　育成芳草百花，把它装点？这是阿翁的长眠处。
春花、秋月、夏凉任快乐的诗人吟赏，
　　冬天里，青青的小丘又为他保暖遮寒。

1）Anakreon，公元前572（?）——488（?），歌咏酒和爱情的古希腊抒情诗人，后世遂以他作为快乐的诗人的代表。

21 MIGNON

Nur wer die Sehnsucht kennt,
Weiß, was ich leide!
Allein und abgetrennt
Von aller Freude,
Seh ich ans Firmament
Nach jener Seite.
Ach, der mich liebt und kennt;
Ist in der Weite.
Es schwindelt mir, es brennt
Mein Eingeweide.
Nur, wer die Sehnsucht kennt,
Weiß, was ich leide!

21 迷娘

不识思和念，
怎知我愁！
懒成欢、
无侣无俦，
我举目遥看
天的另一头。
唉，知心的良伴
远在芳洲。
我头晕目眩，
伤心欲透。
识得思和念
定知我愁！

22 AN CHARLOTTE V. STEIN

Woher sind wir geboren
    Aus Lieb.
Wie wären wir verloren
    Ohn Lieb.
Was hilft uns überwinden?
    Die Lieb.
Kann man auch Liebe finden?
    Durch Lieb.
Was läßt nicht lange weinen?
    Die Lieb.
Was soll uns stets vereinen
    Die Lieb.

我们来自何处
　　来自爱。
我们怎样就会迷途
　　缺了爱。
什么助我们度难关?
　　是爱。
爱之梦可能圆?
　　通过爱。
什么抹去我们的长流泪?
　　是爱。
什么使我们相亲不相违?
　　是爱。

23 SAGET, STEINE, MIR AN

Saget, Steine, mir an, o! sprecht, ihr hohen Paläste!
Straßen, redet ein Wort! Genius, regst du dich nicht?
Ja, es ist Alles beseelt in deinen heiligen Mauern,
Ewige Roma; nur mir schweiget noch Alles so still.
O! wer flüstert mir zu, an welchem Fenster erblick' ich
Einst das holde Geschöpf, das mich versengend erquickt?
Ahn' ich die Wege noch nicht, durch die ich immer und immer,
Zu ihr und von ihr zu gehn, opfre die köstliche Zeit?
Noch betracht' ich Kirch' und Palast, Ruinen und Säulen,
Wie ein bedächtiger Mann schicklich die Reise benutzt.
Doch bald ist es vorbei; dann wird ein einziger Tempel,
Amors Tempel nur sein, der den Geweihten empfängt.
Eine Welt zwar bist du, o Rom; doch ohne die Liebe
Wäre die Welt nicht die Welt, wäre denn Rom auch nicht Rom.

顽石，请开尊口，噢！说话呀，高耸的宫殿！
　　老街，说句话吧！格尼[1]，你难道毫不动情？
不朽的罗马，在你庄严的城墙内，一切
　　都宛若有灵，可是它们却对我不发一言。
噢！对我耳语吧，在哪个窗口，我还能看到
　　那曾是的可人儿，灼我心胸、扬我激情？
我是否还未隐隐探出作客于她
　　的路，时时重温、不倦不悔？
眼下我只像个从容的游客，
　　到处浏览教堂和宫殿、断垣和残柱。
但不久这一切将成既往；唯一留下的将是
　　一座庙宇，爱神的庙宇，专为皈依者朝贡。
你是个包罗万象的世界，你，罗马；但没有爱
　　万象皆空，罗马也只剩空名。

1) 格尼是格尼乌斯，(Genius 罗马的守护神) 的 (杜撰的) 省写。

24 FROH EMPFIND ICH MICH

Froh empfind ich mich nun auf
klassischem Boden begeistert;
Vor- und Mitwelt spricht lauter und
reizender mir.
Hier befolg' ich den Rat, durchblättre
die Werke der Alten
Mit geschäftiger Hand, täglich mit
neuem Genuß.
Aber die Nächte hindurch hält Amor
mich anders beschäftigt;
Werd ich auch halb nur gelehrt, bin ich
doch doppelt beglückt.
Und belehr' ich mich nicht, indem ich
des lieblichen Busens
Formen spähe, die Hand leite die
Hüften hinab?
Dann versteh' ich den Marmor erst
recht; ich denk' und vergleiche,
Sehe mit fühlendem Aug', fühle mit
sehender Hand.

24 我乐不可支

我乐不可支
　　身临这古典之都；
历久恒新的世界对我
　　高谈絮语。
我悉心就教、浏览
　　古籍旧章，
手勤眼明，日日都有
　　新的收获。
夜里，爱神又任我
　　以份外之劳；
所学虽少损，
　　幸福却倍增。
当我探手细究
　　胸的妙型、
臂的曲线，
　　我岂非另有所学？
于是我更懂得欣赏
　　那些石雕；我思索、比较，
用能触感的眼看、用能看
　　的手触感。

Raubt die Liebste denn gleich mir
einige Stunden des Tages,
Gibt sie Stunden der Nacht mir zur
Entschädigung hin.
Wird doch nicht immer geküßt, es wird
vernünftig gesprochen;
Überfällt sie der Schlaf, lieg' ich und
denke mir viel.
Oftmals hab' ich auch schon in ihren
Armen gedichtet,
Und des Hexameters Maß, leise mit
fingernder Hand'
Ihr auf den Rücken gezählt. Sie atmet
in lieblichem Schlummer,
Und es durchglühet ihr Hauch mir bis
ins Tiefste die Brust.
Amor schüret die Lamp' indes und
denket der Zeiten,
Da er den nämlichen Dienst seinen
Triumvirn getan.

若是情人夺去
    我白天苦学的时间，
夜里她就会
    如数偿还。
亲吻若有间断，就会有
    知心话儿来填；
若是睡神把她掳去，我就
    躺着搜索苦肠。
不止一次，我曾在她的臂弯里
    草就华章，
就着她的背，轻轻地
    以手指点数
六音步诗行的韵节。她在
    微寂中呼吸起伏，
气息直透
    我胸臆深处。
这其间，爱神挑亮油灯，
    细把更漏数，
因为他正在为他的主人
    值勤。

25 GLÜCKLICHE FAHRT

Die Nebel zerreißen,
Der Himmel ist helle,
Und Äolus löset
Das ängstliche Band.
Es säuseln die Winde,
Es rührt sich der Schiffer.
Geschwinde! Geschwinde!
Es teilt sich die Welle,
Es naht sich die Ferne;
Schon seh ich das Land!

雾气消散尽，
天色廓然清，
风神解开了
担心的枷锁。
惠风习习、
舟子欣欣，
疾驰！疾驰！
浪花两边分，
远景觅人来；
对岸已在眼前！

26 MEERES STILLE

Tiefe Stille herrscht im Wasser,
Ohne Regung ruht das Meer,
Und bekümmert sieht der Schiffer
Glatte Fläche rings umher.
Keine Luft von keiner Seite!
Todesstille fürchterlich!
In der ungeheuern Weite
Reget keine Welle sich.

26 海的宁静

水上是深沉的静，
海安躺着，纹丝不动，
水手忧心忡忡，愁对
周围的波平如镜。
四通八方没一丝来风！
死一般闷人的静！
在望穿眼的远处，
也没有波浪一痕。

27 NÄHE DES GELIEBTEN

Ich denke dein, wenn mir der Sonne Schimmer
Vom Meere strahlt;
Ich denke dein, wenn sich des Mondes Flimmer
In Quellen malt.

Ich sehe dich, wenn auf dem fernen Wege
Der Staub sich hebt;
In tiefer Nacht, wenn auf dem schmalen Stege
Der Wandrer bebt.

Ich höre dich, wenn dort mit dumpfem Rauschen
Die Welle steigt.
Im stillen Haine geh' ich oft zu lauschen,
Wenn alles schweigt.

Ich bin bei dir, du seist auch noch so ferne,
Du bist mir nah!
Die Sonne sinkt, bald leuchten mir die Sterne.
O wärst du da!

27 思君曲

我思念你，当日光戏海、
　　逐波蹁跹，
我思念你，当月华皑皑、
　　银染清泉。

我看到你，当旅途漫漫无尽，
　　尘飞土翻；
当深夜里，流浪者战战兢兢，
　　拾级登攀。

我听到你，当在不知名处，波浪无休无止
　　悠悠翻涌，
我也常去静静的小林，谛听消息
　　于万籁无声中。

纵你远在天涯，我也从未相失，
　　你长在尺咫间！
日已西沉，星星正升起。
　　噢，要是你就在眼前！

28 AN MIGNON

Über Tal und Fluß getragen
Ziehet rein der Sonne Wagen.
Ach! sie regt in ihrem Lauf,
So wie deine, miene Schmerzen,
Tief im Herzen,
Immer morgens wieder auf.

Kaum will mir die Nacht noch frommen,
Denn die Träume selber kommen
Nun in trauriger Gestalt,
Und ich fühle dieser Schmerzen,
Still im Herzen
Heimlich bildende Gewalt.

Schon seit manchen schönen Jahren
Seh' ich unten Schiffe fahren;
Jedes kommt an seinen Ort;
Aber ach, die steten Schmerzen,
Fest im Herzen,
Schwimmen nicht im Strome fort.

28 赠迷娘

越过山谷，俯临川流，
日神在宝车奔驰不休。
啊！它在无尽的旅途里，
就像你我的悲苦，
自心底深处，
总是朝朝升起。

漫漫长夜难成欢，
更不堪
好梦难寻、悲梦相继，
我感到无名的悲苦
静伏在我心深处，
正悄悄施展它的威力。

多少年华流去似逝川，
我目注窗外帆樯点点；
每艘船最后都有归宿；
但是，啊，这挥不去的悲苦
常驻我心深处，
不肯解缆乘流去。

Schön in Kleidern muß ich kommen,
Aus dem Schrank sind sie genommen,
Weil es heute Festtag ist;
Niemand ahnet, daß von Schmerzen
Herz im Herzen
Grimmig mir zerrissen ist.

Heimlich muß ich immer weinen,
Aber freundlich kann ich scheinen
Und sogar gesund und rot;
Wären tödlich diese Schmerzen
Meinem Herzen,
Ach! schon lange wär ich tot.

我开柜启箱，
穿上锦绣云裳，
因为今天是喜庆佳节；
却无人知，无情的悲苦
在我心深处，
肆意把心儿啃啮。

我背人珠泪儿暗弹，
人前却装出一副笑脸，
甚至兴致勃勃、精神抖擞；
要是这悲苦
死去在我心深处，
啊，我早就没有了活着的理由。

29 NATUR UND KUNST

Natur und Kunst sie scheinen sich zu fliehen,
Und haben sich, eh' man es denkt, gefunden;
Der Widerwille ist auch mir verschwunden,
Und beide scheinen gleich mir anzuziehen.

Es gilt wohl nur ein redliches Bemühen!
Und wenn wir erst in abgemess'nen Stunden
Mit Geist und Fleiß uns an die Kunst gebunden,
Mag frei Natur im Herzen wieder glühen.

So ist's mit aller Bildung auch beschaffen:
Vergebens werden ungebundne Geister
nach der Vollendung reiner Höhe streben.

Wer Großes will muß sich zusammenraffen;
In der Beschränkung zeigt sich erst der Meister,
Und das Gesetz nur kann uns Freiheit geben.

自然和艺术貌似相违，
却出乎人的意料，相得又相投；
它们在我身上化敌为友，
两者都同样令我陶醉。

佳境不难登，只要舍得功夫！
当我们花足了时间，
心手合一、艺海流连，
自然的火焰也就会照亮心曲。

每一科艺事都同此法门：
知所羁约的心灵才不致
在攀登完美的圣峰之途徒劳往来。

谁想卓有成就，就须穷追力争；
由穷入通方显巨匠本色，
规矩之中有大自在。

Hielte diesen frühen Segen
Ach, nur Eine Stunde fest!
Aber vollen Blütenregen
Schüttelt schon der laue West.
Soll ich mich des Grünen freuen
Dem ich Schatten erst verdankt?
Bald wird Sturm auch das zerstreuen,
Wenn es falb im Herbst geschwankt.

Willst du nach den Früchten greifen,
Eilig nimm dein Teil davon!
Diese fangen an zu reifen,
Und die andern keimen schon;
Gleich mit jedem Regengusse
Ändert sich dein holdes Tal,
Ach, und in demselben Flusse
Schwimmst du nicht zum zweitenmal.

30 变中有永恒

留住这春光烂漫，
啊，哪怕只是片刻！
这花雨漫天
已开始在薰风下零落。
我是否应感谢
这夏日的草绿阴浓！
不移时西风猎猎
一切将飘摇在秋色中。

若想把果实收获，
赶紧添进你的份！
这一片已开始成熟，
那一片也已新芽累累；
每一次酣雨都会使
你的谷地面貌一新，
在同一条河里，
你再次戏水已是别样光景。

Du nun selbst! Was felsenfeste
Sich vor dir hervorgetan,
Mauern siehst du, siehst Paläste
Stets mit andern Augen an.
Weggeschwunden ist die Lippe,
Die im Kusse sonst genas,
Jener Fuß, der an der Klippe
Sich mit Gemsenfreche maß,

Jene Hand, die gern und milde
Sich bewegte, wohlzutun.
Das gegliederte Gebilde,
Alles ist ein andres nun.
Und was sich an jener Stelle
Nun mit deinem Namen nennt,
Kam herbei wie eine Welle,
Und so eilt's zum Element.

你身上也一样!
多少事物坚如磐石,
宫殿、城墙,
每次看去都非眼中旧识。
昔日的朱唇,
曾饱尝接吻的温馨,
昔日的健足,也曾
狎侮巉岩以羚羊的轻灵。

昔日的巧手,灵巧优雅,
曾为你效劳,贻你欢情。
停匀肌骨、朗朗风华,
如今重问堪惊。
那些一度
以你之名存在的,都
如波逝去,
同归尘土。

Laß den Anfang mit dem Ende
Sich in Eins zusammen ziehn!
Schneller als die Gegenstände
Selber dich vorüberfliehn!
Danke, daß die Gunst der Musen
Unvergängliches verheißt,
Den Gehalt in deinem Busen
Und die Form in deinem Geist.

请祝愿事物的终始
汇成一体，无尾也无端，
祝愿你自己的消逝
赶在万事万物之前。
请感谢缪斯女神
许以永恒不朽之物：
你胸中的内蕴
和你精神的表露。

31 RITTER CURTS BRAUTFAHRT

Mit des Bräutigams Behagen
Schwingt sich Ritter Curt aufs Roß;
Zu der Trauung soll's ihn tragen,
Auf der edlen Liebsten Schloß;
Als am öden Felsenorte
Drohend sich ein Gegner naht;
Ohne Zögern, ohne Worte
Schreiten sie zu rascher Tat.

Lange schwankt des Kampfes Welle,
Bis sich Curt im Siege freut;
Er entfernt sich von der Stelle,
Überwindet und gebläut.
Aber was er bald gewahret
In des Busches Zitterschein!
Mit dem Säugling still gepaaret
Schleicht ein Liebchen durch den Hain.

31 骑士库特的婚礼之旅

满心新郎的意气扬扬，
骑士库特足跨宝驹；
它将载他去婚礼现场，
在那华美的可爱城堡；
就在荒凉的山冈，
半途里闯出仇家；
不迟疑、不开腔，
两人动手就厮打。

一场好斗天昏地暗，
对手终于被摆平；
库特继续把路赶，
一个挂彩的伤兵。
可不久矮丛里，
又有一幅景象堪惊！
怀抱未断奶的婴儿，
旧日的情人陡然现身。

Und sie winkt ihm auf das Plätzchen:
Lieber Herr, nicht so geschwind!
Habt Ihr nichts an euer Schätzchen,
Habt Ihr nichts für euer Kind?
Ihn durchglühet süße Flamme,
Daß er nicht vorbei begehrt,
Und er findet nun die Amme,
Wie die Jungfrau, liebenswert.

Doch er hört die Diener blasen,
Denket nun der hohen Braut,
Und nun wird auf seinen Straßen
Jahresfest und Markt so laut,
Und er wählet in den Buden
Manches Pfand zu Lieb und Huld;
Aber ach! da kommen Juden
Mit dem Schein vertagter Schuld.

她向他招呼：
情郎，别那么策马飞驰！
怎忍心置旧情于不顾，
对亲骨肉也毫不怜惜？
他心中燃起温情，
依依不舍重拾旧欢，
发现这徐娘之年的情人
可爱不让处女的娇甜。

可是仆人却在旁催促，
他想起了待嫁的新娘，
主仆重新上路，
来到热闹的市场，
他在小铺里
选购了示爱的信物好几样；
啊！迎面来了犹太人，出示
到期的债券一张。

Und nun halten die Gerichte
Den behenden Ritter auf.
O verteufelte Geschichte!
Heldenhafter Lebenslauf!
Soll ich heute mich gedulden?
Die Verlegenheit ist groß.
Widersacher, Weiber, Schulden,
Ach! kein Ritter wird sie los.

平日里左右逢源、唤雨呼风，
而今只好锒铛下狱。
唉，弄人的命运！
英雄好汉的壮举！
我是否该逆来顺受？
这窘境是多么难堪。
仇家、情妇、债头，
啊！哪个骑士逃得过这三道关。

32 NACHTGESANG

O! gib, vom weichen Pfühle,
Träumend, ein halb Gehör!
Bei meinem Saitenspiele
Schlafe! was willst du mehr?

Bei meinem Saitenspiele
Segnet der Sterne Heer
Die ewigen Gefühle;
Schlafe! was willst du mehr?

Die ewigen Gefühle
Heben mich, hoch und hehr,
Aus irdischem Gewühle;
Schlafe! was willst du mehr?

Vom irdischen Gewühle
Trennst du mich nur zu sehr,
Bannst mich in diese Kühle;
Schlafe! was willst du mehr?

32 夜的浅唱

噢！自你的绣枕，
寻梦人，且侧耳
闲听我的琴声！
安睡吧，好梦任你求！

闲听我的琴声，
天上的星斗
佑你感情常青；
安睡吧，好梦任你求！

常青的感情
领我天际遨游
远离熙攘的尘氛；
安睡吧，好梦任你求！

自熙攘的尘氛，
你常把我搭救，
咒住我于怡人的清凉；
安睡吧，好梦任你求！

Bannst mich in diese Kühle,
Gibst nur im Traum Gehör.
Ach! auf dem weichen Pfühle
Schlafe! was willst du mehr?

咒住我于怡人的清凉
让我梦里侧耳，
啊，在柔软的绣枕。
安睡吧，好梦任你求！

33 WAS VÖLKER STERBEND HINTERLASSEN

Was Völker sterbend hinterlassen,
Das ist ein bleicher Schattenschlag:
Du siehst ihn wohl, ihn zu erfassen
Läufst du vergeblich Nacht und Tag.

Wer immerdar nach Schatten greift,
Kann stets nur leere Luft erlangen:
Wer Schatten stets auf Schatten häuft,
Sieht endlich sich von düstrer Nacht umfangen.

33 那置民命于不顾之举

那置民命于不顾之举
只是苍白的风中幻影：
你依稀能见，但若想把它抓住，
就只会落得日夜不休枉折腾。

一贯追逐影子的人
捉住的永远是虚空：
不断地影子叠上影子的人
最后将陷身冥色的包围中。

34 MÄCHTIGES ÜBERRASCHEN

Ein Strom entrauscht umwölktem Felsensaale
Dem Ozean sich eilig zu verbinden;
Was auch sich spiegeln mag von Grund zu Gründen,
Er wandelt unaufhaltsam fort zu Tale.

Dämonisch aber stürzt mit einem Male –
Ihr folgen Berg und Wald in Wirbelwinden –
Sich Oreas, Behagen dort zu finden,
Und hemmt den Lauf, begrenzt die weite Schale.

Die Welle sprüht und staunt zurück und weichet,
Und schwillt bergan, sich immer selbst zu trinken;
Gehemmt ist nun zum Vater hin das Streben.

Sie schwankt und ruht, zum See zurückgedeichet;
Gestirne, spiegelnd sich, beschaun das Blinken
Des Wellenschlags am Fels, ein neues Leben.

激流穿云裂雾，
　　自岩间奔赴大洋之约；
　　一路蜿蜒巅越，
　　泻向深深的山谷。

山林女神却以魔怪之舞
　　崩落洪流，想同去寻欢——
　　山石莽林鼓风相伴——
　　水流变缓，注进海的巨腹。

海浪拂洗岸岩，呻吟着回踩，
　　又再次冲向岩壁，卷起漩涡；
　　上冲的努力再次受挫。

它晃晃摇摇、平息下来、退回深海；
　　天上的星斗，揽海为镜，
　　俯瞰岩边的浪花，一个新的生命。

35 DIE LIEBENDE ABERMALS

Warum ich wieder zum Papier mich wende?
Das mußt du, Liebster, so bestimmt nicht fragen:
Denn eigentlich hab' ich dir nichts zu sagen;
Doch kommt's zuletzt in deine lieben Hände.

Weil ich nicht kommen kann, soll was ich sende,
Mein ungeteiltes Herz hinüber tragen
Mit Wonnen, Hoffnungen, Entzücken, Plagen:
Das alles hat nicht Anfang, hat nicht Ende.

Ich mag vom heut'gen Tag dir nichts vertrauen,
Wie sich im Sinnen, Wünschen, Wähnen, Wollen
Mein treues Herz zu dir hinüber wendet,

So stand ich einst vor dir, dich anzuschauen,
Und sagte nichts. Was hätt' ich sagen sollen?
Mein ganzes Wesen war in sich vollendet.

35 恋爱中的女郎重对素笺

为什么我又重对素笺？
亲爱的，你定不会明知故问：
我并没有话儿把它滋润；
但藉此它将走进你可爱的指间。

我既不能身临，理应送去
承载我心之物，连同
我的期待、欢喜和悲痛：
它们既无踪迹也无端绪。

我此刻却无意对你吐露
我的所思所想，所愿所欲，
当我的心以一片素诚相呈，

就像我当初在你面前，把你
细细端详，我无需片语只词，
我整个人都沉浸在圆满无缺之境。

36 DAS MÄDCHEN SPRICHT

Du siehst so ernst, Geliebter! Deinem Bilde
Von Marmor hier möcht' ich dich wohl vergleichen;
Wie dieses gibst du mir kein Lebenszeichen;
Mit dir verglichen zeigt der Stein sich milde.

Der Feind verbirgt sich hinter seinem Schilde,
Der Freund soll offen seine Stirn uns reichen.
Ich suche dich, du suchst mir zu entweichen;
Doch halte Stand, wie dieses Kunstgebilde.

An wen von beiden soll ich nun mich wenden?
Sollt' ich von beiden Kälte leiden müssen?
Da dieser tot und du lebendig heißest.

Kurz! um der Worte mehr nicht zu verschwenden,
So will ich diesen Stein so lange küssen,
Bis eifersüchtig du mich ihm entreißest.

36 诉衷情

你一脸严肃，亲爱的！我真想把
　　你的尊容同这座雕像相比，
　　和它一样，你也不给我一丝
　　生的气息；而顽石还稍见温雅。

朋友该坦然以额相迎迓，
　　敌人才会藏身他的盾牌。
　　我寻觅你，你却有意避开；
　　拒人千里，同这雕像像煞。

我宁可投身谁的怀抱？
　　我应无端受两者以冷遇相报？
　　不过一个已作古，一个还健在。

罢了！不必再费言词，不如还是
　　把这雕像来拥吻，直至
　　你妒意陡升，把我从它拉开。

37 GEFUNDEN

Ich ging im Walde
So für mich hin,
Und nichts zu suchen,
Das war mein Sinn.

Im Schatten sah' ich
Ein Blümchen stehn,
Wie Sterne leuchtend,
Wie Äuglein schön.

Ich wollt' es brechen,
Da sagt' es fein:
Soll ich zum Welken
Gebrochen sein?

Ich grub's mit allen
Den Würzlein aus,
Zum Garten trug ich's
Am hübschen Haus.

Und pflanzt es wieder
Am stillen Ort;
Nun zweigt es immer
Und blüht so fort.

37 有获

信步入幽林，
漫然无所寻。

忽见重影中，
娇花一点吐。
辉烁似晨星，
流波似美目。

意欲相采摘，
花却婉声劝：
辞枝如失怙，
凋萎在眼前。

连根掘以归，
植在众芳园；

从此长相伴，
常开慰我颜。

38 EIGENTUM

Ich weiß, daß mir nichts angehört'
Als der Gedanke, der ungestört
Aus meiner Seele will fließen,
Und jeder günstige Augenblick,
Den mich ein liebendes Geschick
Von Grundaus läßt genießen.

38 我的所有

我知道，我一无所有，
除了思想郁郁悠悠
自在地流自我的灵魂，
还有一个个良辰佳时，
我都奉承天赐灵机，
得以尽情体味细品。

39 IM ATEMHOLEN

Im Atemholen sind zweierlei Gnaden:
Die Luft einziehn, sich ihrer entladen;
Jenes bedrängt, dieses erfrischt;
So wunderbar ist das Leben gemischt.
Du danke Gott, wenn er dich preßt,
Und dank ihm, wenn er dich wieder entläßt.

39 呼吸

呼吸之中有双重恩宠：
吸一口空气又把它送；
闷塞之后是清凉沁人；
生命就是混和得这么神。
该感谢神，当他苦苦挤逼，
还得感谢他，当他放松你。

40 PHÄNOMEN

Wenn zu der Regenwand
Phöbus sich gattet,
Gleich steht ein Bogenrand
Farbig beschattet.

Im Nebel gleichen Kreis
Seh ich gezogen;
Zwar ist der Bogen weiß,
Doch Himmelsbogen.

So sollst du, muntrer Greis,
Dich nicht betrüben,
Sind gleich die Haare weiß,
Doch wirst du lieben.

太阳来到雨的身侧
献上鱼水之欢，
于是虹桥架起，
流彩云端。

我也曾见长虹一弯
升起在雾气弥漫；
虽然苍白惨淡，
毕竟是天庭高悬。

那么，你，健朗的白发人，
也无须愁思满怀，
虽已鹤发霜鬓，
却不泯心中之爱。

41 IM GEGENWÄRTIGEN VERGANGNES

Ros' und Lilie morgentaulich
Blüht im Garten meiner Nähe,
Hinten an bebuscht und traulich
Steigt der Felsen in die Höhe.
Und mit hohem Wald umzogen,
Und mit Ritterschloß gekrönet,
Lenkt sich hin des Gipfels Bogen,
Bis er sich dem Tal versöhnet.

Und da duftets wie vor alters,
Da wir noch von Liebe litten,
Und die Saiten meines Psalters
Mit dem Morgenstrahl sich stritten.
Wo das Jagdlied aus den Büschen
Fülle runden Tons enthauchte,
Anzufeuern, zu erfrischen
Wie's der Busen wollt und brauchte.

玫瑰和百合滴着晨露
盛开在身旁的花园,
身后,岩石满披灌木,
从容地伸向蓝天。
远山襟带高林、
峰巅宫堡隐约可见,
直奔向山谷深深,
在那里与山泉交欢。

这景色温馨一如往年,
当我们正为爱伤心,
我洋琴的琴弦
正与朝阳的光束交映。
猎歌声扬起在密林,
厚润的歌喉正展,
送来激扬与清新之音,
使人胸怀酣畅、气舒意宽。

Nun die Wälder ewig sprossen,
So ermutigt euch mit diesen,
Was ihr sonst für euch genossen
Läßt in andern sich genießen.
Niemand wird uns dann beschreien
Daß wir's uns alleine gönnen,
Nun in allen Lebensreihen
Müsset ihr genießen können.

Und mit diesem Lied und Wendung
Sind wir wieder bei Hafisen;
Denn es ziemt, des Tags Vollendung
Mit Genießern zu genießen.

一如森林常常吐新，
人也当以己之乐
分享与人，
让人人都颜开语和。
人们将不再指责我们
只顾自乐其乐，
各行各业，人无差等，
都应各得其所。
歌声为我辈，
唤回哈菲斯[1]的诗章；
因为人本来就当享今日之美，
怀着对人生的欣赏。

1）14世纪波斯的一位大诗人。

42 SELIGE SEHNSUCHT

Sagt es niemand, nur den Weisen,
Weil die Menge gleich verhöhnet,
Das Lebend'ge will ich preisen,
Das nach Flammentod sich sehnet.

In der Liebesnächte Kühlung,
Die dich zeugte, wo du zeugtest,
Überfällt dich fremde Fühlung,
Wenn die stille Kerze leuchtet.

Nicht mehr bleibest du umfangen
In der Finsternis Beschattung,
Und dich reißet neu Verlangen
Auf zu höherer Begattung.

Keine Ferne macht dich schwierig,
Kommst geflogen und gebannt,
Und zuletzt, des Lichts begierig,
Bist du Schmetterling verbrannt.

42 至高的渴望

我只颂扬讴歌
向往焚身之火的人，
这话请勿对俗人说，
免遭他们讥诮同声。

在情爱之夜、生育时刻的清冷中，
你陡然
有陌生之感萌生于胸，
当烛焰轻燃。

不再被囚
于重影的幽暗之中，
新的渴求
驱使你寻觅新种。

不畏道路修远以长，
死着心眼儿飞临，
最后，为把光明渴望，
像飞蛾任烈焰焚身。

Und solang du das nicht hast,
Dieses: Stirb und werde!
Bist du nur ein trüber Gast
Auf der dunklen Erde.

如果无一于此，
记住：死去重生！
否则你只是
俗尘中懵懂一人。

43 WINK

Und doch haben sie recht die ich schelte:
Denn daß ein Wort nicht einfach gelte
Das müßte sich wohl von selbst verstehn.
Das Wort ist ein Fächer! Zwischen den Stäben
Blicken ein Paar schöne Augen hervor.
Der Fächer ist nur ein lieblicher Flor,
Er verdeckt mir zwar das Gesicht,
Aber das Mädchen verbirgt er nicht,
Weil das Schönste was sie besitzt,
Das Auge, mir ins Auge blitzt.

43 秋波

他们说得有理，是我错怪：
文辞自有佳音在弦外，
这道理浅而明，无待赘言。
文辞像把摺扇，扇骨间
常有妙目传来秋波闪闪。
摺扇是个可爱的花团，
它叫我看不见伊人面孔，
却不能掩尽音容，
因为她最美的所在，她的眼，
会投来秋波似剪。

HATEM

Nicht Gelegenheit macht Diebe,
Sie ist selbst der größte Dieb;
Denn sie stahl den Rest der Liebe
Die mir noch im Herzen blieb.

Dir hat sie ihn übergeben
Meines Lebens Vollgewinn,
Daß ich nun, verarmt, mein Leben
Nur von dir gewärtig bin.

Doch ich fühle schon Erbarmen
Im Karfunkel deines Blicks
Und erfreu in deinen Armen
Mich erneuerten Geschicks.

哈腾姆

尘缘不是窃贼之媒，
它本身就是巨窃；
因为它偷去了依然迂回
我心的未展尽的爱之结。

它把我一生的爱意
全都付给了你，
如今我一贫如洗，
全赖你的施舍。

诚然你如宝石的目光
让我找到无限的爱怜，
在你的臂弯里徜徉，
也令我为新的命运陶然。

Hochbeglückt in deiner Liebe
Schelt ich nicht Gelegenheit;
Ward sie auch an dir zum Diebe,
Wie mich solch ein Raub erfreut!

Und wozu denn auch berauben?
Gib dich mir aus freier Wahl;
Gar zu gerne möcht ich glauben –
Ja, ich bins die dich bestahl.

Was so willig du gegeben
Bringt dir herrlichen Gewinn,
Meine Ruh, mein reiches Leben
Geb ich freudig, nimm es hin.

Scherze nicht! Nichts von Verarmen!
Macht uns nicht die Liebe reich?
Halt ich dich in meinen Armen,
Jedem Glück ist meines gleich.

在你的爱中悠游，
我毫不责怪尘缘；
纵使它于你为偷，
这劫案却叫我喜欢。

戏言偷盗何益？
何如你自愿相许；
我巴不得相信——
是我把你窃取。

你甘愿的付出
带来的是收获盈仓，
我的宁静、我生命的丰富，
我乐于献出，任由你取享。

莫戏言！怎谈得上贫穷！
爱难道不使我们更富绰？
拥你于我的臂弯中，
一切幸福都归于我。

1）这是一首对话体的诗。哈腾姆和苏莱卡是歌德《西东诗集》中一个爱情故事的男、女主人公。

45 SULEIKA

Was bedeutet die Bewegung?
Bringt der Ost mir frohe Kunde?
Seiner Schwingen frische Regung
Kühlt des Herzens tiefe Wunde.

Kosend spielt er mit dem Staube,
Jagt ihn auf in leichten Wölkchen,
Treibt zur sichern Rebenlaube
Der Insekten frohes Völkchen.

Lindert sanft der Sonne Glühen,
Kühlt auch mir die heißen Wangen,
Küßt die Reben noch im Fliehen,
Die auf Feld und Hügel prangen.

Und mir bringt sein leises Flüstern
Von dem Freunde tausend Grüße;
Eh noch diese Hügel düstern,
Grüßen mich wohl tausend Küsse.

45 苏莱卡

这轻拂
是否东风带来的喜讯?
它的清霏
吹抚了心头的伤痕深深。

它亲热地扬起沙尘,
把它们卷进云丝,
又把快活的小虫们
赶到可藏身的葡萄枝。

温润了骄阳
吹凉了我发烫的脸,
在逃逸中还不忘
亲吻夸耀在坡地的葡萄蔓。

它的轻声低语
带给我知友的问候千声;
而在山岗浴于
暮色之前,千个吻也未侍奉。

Und so kannst du weiter ziehen!
Diene Freunden und Betrübten.
Dort wo hohe Mauern glühen,
Find' ich bald den Vielgeliebten.

Ach! die wahre Herzenskunde,
Liebeshauch, erfrischtes Leben
Wird mir nur aus seinem Munde,
Kann mir nur sein Atem geben.

东风，但吹莫停步！
嘉惠伤心客、知心人。
在高墙闪闪处，
我将找到心上人。

啊，真正的心的音讯，
爱的呵气、清新的活力，
只能出自他的齿唇，
只能是他的呼吸。

46 GINGO BILOBA

Dieses Baums Blatt der von Osten
Meinem Garten anvertraut
Gibt geheimen Sinn zu kosten
Wie's den Wissenden erbaut.

Ist es Ein lebendig Wesen,
Das sich in sich selbst getrennt?
Sind es zwei die sich erlesen
Daß man sie als Eines kennt?

Solche Fragen zu erwidern
Fand ich wohl den rechten Sinn;
Fühlst du nicht an meinen Liedern
Daß ich Eins und doppelt bin?

46 银杏叶

这　一叶，落自
安身我园中的东方佳木，
蕴涵着一个秘密，
独有知情人能悟真趣。

它是天生一体，
兀自把自身中剖；
还是二物连理，
互相同气相求？

为解答这疑问，
我恍似悟得天机；
请君听我的歌声，
我是否也是二而又一？

47 NACHKLANG

Es klingt so prächtig wenn der Dichter
Der Sonne bald, dem Kaiser sich vergleicht;
Doch er verbirgt die traurigen Gesichter,
Wenn er in düstren Nächten schleicht.

Von Wolken streifenhaft befangen
Versank zu Nacht des Himmels reinstes Blau,
Vermagert bleich sind meine Wangen
Und meine Herzenstränen grau.

Laß mich nicht so der Nacht, dem Schmerze,
Du allerliebstes, du mein Mondgesicht!
O, du mein Phosphor, meine Kerze,
Du meine Sonne, du mein Licht!

47 余音

当太阳神的诗人气夺
帝王，他的诗句多么铿锵；
而当他冥夜独坐，
却又把愁容暗藏。

被云丝牵绕，天的纯蓝
渐渐陷入夜的幽晦，
我苍白的双颊深陷，
心中之泪色如死灰。

让我摆脱这愁夜、这痛苦，
你最亲爱的，我的婵娟！
噢，我的萤光、我的灯烛、
我的太阳，我的艳阳天！

Wunderlichstes Buch der Bücher
Ist das Buch der Liebe;
Aufmerksam hab' ichs gelesen:
Wenig Blätter Freuden,
Ganze Hefte Leiden;
Einen Abschnitt macht die Trennung.
Wiedersehn! ein klein Kapitel,
Fragmentarisch. Bände Kummers
Mit Erklärungen verlängert,
Endlos, ohne Maß.
O! Nisami! – doch am Ende
Hast den rechten Weg gefunden;
Unauflösliches wer löst es?
Liebende sich wiederfindend.

48 书

最奇妙的书中之书
是爱情之书；
我曾孜孜把它钻研：
欢乐不过几页，
痛苦整册整卷；
离别，只须一节。
重聚！才一小章，
零碎不全。情愁连篇累牍，
说不尽的来龙去脉，
没完没了，愈说愈走样。
噢！尼沙米[1]！——最后
终于鹊桥在望；
谁解无解之谜？
重相聚首的恋人。

1）土耳其古代诗人。

49 FRÜHLING ÜBER'S JAHR

Das Beet schon lockert
Sich's in die Höh,
Da wanken Glöckchen
So weiß wie Schnee;
Safran entfaltet
Gewalt'ge Glut,
Smaragden keimt es
Und keimt wie Blut.
Primeln stolzieren
So naseweiß,
Schalkhafte Veilchen
versteckt mit Fleiß;
Was auch noch alles
Da regt und webt,
Genug, der Frühling,
Er wirkt und lebt.

49 四季春

春色早已
闹上花坛，
雪莲花洁白
赛雪、因风摇摆；
番红花盛开
如火、抽出
碧绿的芽，
把朱红裹住。
报春花傲然
夸耀枝上，
紫罗兰俏然
四处躲藏；
放眼所及、
万物欣欣竞长，
描不尽春意，
写不尽春光。

Doch was im Garten
Am reichsten blüht,
Das ist des Liebchens
Lieblich Gemüt.
Da glühen Blicke
Mir immerfort,
Erregend Liedchen,
Erheiternd Wort.
Ein immer offen,
Ein Blütenherz,
Im Ernste freundlich
Und rein im Scherz.
Wenn Ros' und Lilie
Der Sommer bringt,
Er doch vergebens
Mit Liebchen ringt.

可是满园春色里、
百花的魁首
却是爱人的
春心一杯。
眼波含情、
时时顾盼，
歌声盈耳、
情话绵绵。
心花坦放、
长开长青，
忧能解语、
乐能怡情。
玫瑰与百合，
夏的天宠，
在爱人前
也略逊姿容。

50 UM MITTERNACHT

Um Mitternacht ging ich, nicht eben gerne,
Klein, kleiner Knabe, jenen Kirchhof hin
Zu Vaters Haus, des Pfarrers, Stern am Sterne
Sie leuchteten doch alle gar zu schön;
        Um Mitternacht.

Wenn ich dann ferner in des Lebens Weite
Zur Liebsten mußte, mußte weil sie zog,
Gestirn und Nordschein über mir im Streite,
Ich gehend, kommend Seligkeiten sog;
        Um Mitternacht.

Bis dann zuletzt des vollen Mondes Helle
So klar und deutlich mir ins Finstere drang,
Auch der Gedanke willig, sinnig, schnelle
Sich um's Vergangne wie um's Künftige schlang;
        Um Mitternacht.

50 深更夜

深更夜，我，一个幼小的童子，
曾害怕走进墓园，
在牧师之家的祖屋一侧；
却爱看那罗列的星群光熠灿灿
　　深更夜。

岁月把我育成
爱的俘虏，为寻觅无恒居的
心上人，我往返于南风与北辰[1]，
啜吸着爱的芝汁；
　　深更夜。

当末了满月之辉
推我向前方的阴翳，
悠悠的思绪，联翩低回，
勾起往事、漂向来日；
　　深更夜。

1）学者们认为这里歌德是暗喻在魏玛的女友夏绿蒂和在意大利的情人。（参看第10、22、24首）

51 DIE JAHRE NAHMEN DIR

»Die Jahre nahmen dir, du sagst, so vieles;
Die eigentliche Lust des Sinnenspieles,
Erinnerung des allerliebsten Tandes
Von gestern, weit- und breiten Landes
Durchschweifen frommt nicht mehr; selbst nicht von Obe
Der Ehren anerkannte Zier, das Loben,
Erfreulich sonst. Aus eignem Tun Behagen
Quillt nicht mehr auf, dir fehlt ein dreistes Wagen!
Nun wüßt ich nicht was dir Besondres bliebe!«

Mir bleibt genug! Es bleibt Idee und Liebe!

51 岁月从你夺走……

"岁月从你夺走，你自供，
许许多多；情爱的真正脉动，
堪忆的琐事，难舍依依，
无心再享：千里
远游、曾博得显贵赏识
的辞藻、浮名惊世。
靠自己的作为，你已难享
安逸，你已不再敢冲敢闯！
我不知道，你还有什么彩？"

我有的还足够！那是思想和爱！

52 WENN DU AM BREITEN FLUSSE WOHNST

Wenn du am breiten Flusse wohnst,
Seicht stockt er manchmal auch vorbei;
Dann wenn du deine Wiesen schonst
Herüber schlemmt er, es ist ein Brei.

Am klaren Tag hinab die Schiffe,
Der Fischer weislich streicht hinan;
Nun starret Eis am Kies und Riffe,
Das Knabenvolk ist Herr der Bahn.

Das mußt du sehn und unterweilen
Doch immer was du willst vollziehn!
Nicht stocken darfst du, vor nicht eilen;
Die Zeit sie geht gemessen hin.

52 当你傍河而居

当你傍河而居，
它有时只是清清浅溪；
而当你想把牧地保护，
它又泛滥而来、泥浆遍地。

晴朗之日，渔夫垂纶
清流，自在弄桨；
冰封之时，儿童成群
戏冰河面，嬉闹称王[1]。

你须细审察，待时而动，
才能所期有获！
不宜踌躇，也别匆匆；
时间自有裁度。

1）暗指当时耶拿大学学生因要求更多出版自由而举行的示威活动。全诗都可看作是对当时政治局势的有所感慨之作。

53 IM DORFE WAR EIN GROSS GELAG

Im Dorfe was ein groß Gelag,
Man sagt', es sei ein Hochzeittag,
Ich zwängte mich in den Schenken-Saal,
Da drehten die Pärchen allzumal,
Ein jedes Mädchen mit seinem Wicht,
Da gab es manch verliebt Gesicht.
Nun fragt' ich endlich nach der Braut –
Mir einer starr in's Angesicht schaut:
»Das mögt ihr von einem andern hören!
Wir aber tanzen ihr zu Ehren,
Wir tanzen schon drei Tag und Nacht,
Und hat noch niemand an sie gedacht.«

Will einer im Leben um sich schauen,
Dergleichen wird man ihm viel vertrauen.

53 村里有场盛宴[1]

村里有场盛宴，
人人都说，这是个婚礼天，
我勉强走进酒店，
那儿，双双对对正起舞翩翩，
每个女郎都似小鸟依人，
不少人一脸深情。
我忍不住问谁是新娘——
被问者投我以责备的眼光：
“这问题请另就高明！
我们只管跳舞欢庆，
我们已跳了三天三夜，
还没人想到谁是主角。”

要是我们环顾人生，
倒要对他说的黯然首肯。

1）这首诗被认为是讽刺1819年的维也纳会议（拿破仑在滑铁卢战败后欧洲各参战国的一次分赃大会）及其后弥漫在百姓间的一种天下已无事、高枕我无忧的情绪。

54 WANDERSEGEN

Die Wanderjahre sind nun angetreten
Und jeder Schritt des Wandrers ist bedenklich.
Zwar pflegt er nicht zu singen und zu beten;
Doch wendet er, sobald der Pfad verfänglich,
Den ernsten Blick, wo Nebel ihn umtrüben,
In's eigne Herz und in das Herz der Lieben.

54 流浪吟

流浪的岁月从此开始，
流浪者的每一步
都需要深思，他不喜
赞美祈祷，但每当山重水覆，
他都会把求索的眼光，拨开烟雾重重，
投进自己的，和钟爱的人心中。

55 NEUGRIECHISCHE LIEBE-SKOLIE

Diese Richtung ist gewiß,
Immer schreite, schreite!
Finsternis und Hindernis
Drängt mich nicht zur Seite.

Endlich leuchtest meinem Pfad,
Luna! klar und golden;
Immer fort und immer grad
Geht mein Weg zur Holden.

Nun der Fluß die Pfade bricht,
Ich zum Nachen schreite,
Leite, liebes Himmelslicht!
Mich zur andern Seite.

Seh' ich doch das Lämpchen schon
Aus der Hütte schimmern,
Laß um deinen Wagenthron
Alle Sterne glimmern.

55 现代希腊的爱情司各利[1]

这方向确定无误，
只须一往直前！
阴暗与险阻
都不能使我转弯。

终于一线光芒照上小径，
月神，清亮如银；
我的路直引向
远方的情人。

一水横隔前路断，
我借助一叶小舟，
噢，可爱的明月灿灿，
引我去彼岸之畴！

她茅屋的灯火
已隐隐在望，
噢，让群星在你的
宝驾周围齐放光芒。

1）一种希腊诗体，用于在宴会上轮流吟唱。这首诗写于1825年，正值希腊对土耳其进行独立战争之际，歌德有意藉这首诗表达对这场革命的关注。

56 AN ULRIKE VON LEVETZOW

Du Schüler Howards, wunderlich
Siehst Morgens um und über dich,
Ob Nebel fallen, ob sie steigen,
Und was sich für Gewölke zeigen.

Auf Berges Ferne ballt sich auf
Ein Alpenheer, beeist zu Hauf,
Und oben drüber flüchtig schweifen
Gefiedert weiße luftige Streifen;
Doch unten senkt sich grau und grauer
Aus Wolkenschicht ein Regenschauer.

Und wenn bei stillem Dämmerlicht
Ein allerliebstes Treugesicht
Auf holder Schwelle dir begegnet,
Weißt du, ob's heitert? ob es regnet?

56 赠乌丽克·封·列维卓芙[1)]

你，霍华德[2)]的学生，
晨起把天空细审，
那晨雾会否沉落，
或上升为带雨的云朵。

带着冰雪的云团
簇拥着远处的峰峦，
上方的天空，时时
飘过羽色的云丝；
半山腰里，灰色的云层
却不时洒下疏雨阵阵。

当你在门口偶睹芳容
在黎明的曙色中，
你是否也能判定，
它今天将是雨是晴？

1）1821到1823年，连着三个夏天歌德都到波希米亚的玛丽安温泉度假。73岁的歌德重坠爱河，爱上了同在那里度假、年方18的女伯爵乌丽克。这首诗十分委婉地表达了对女主人公的爱慕之意。

2）Luke Howard (1772–1864)，英国气象学家，他首先归纳了几种云的类型。歌德一生都从事自然现象的业余研究，他对光学的研究尤其卓有成就。

57 AN MADAME MARIE SZYMANOWSKA

Die Leidenschaft bringt Leiden! – Wer beschwichtigt,
Beklommnes Herz dich, das zu viel verloren?
Wo sind die Stunden überschnell verflüchtigt?
Vergebens war das Schönste dir erkoren!
Trüb ist der Geist, verworren das Beginnen;
Die hehre Welt, wie schwindet sie den Sinnen!

Da schwebt hervor Musik mit Engelsschwingen,
Verflicht zu Millionen Tön' um Töne,
Des Menschen Wesen durch und durch zu dringen
Zu überfüllen ihn mit ewger Schöne:
Das Auge netzt sich, fühlt im höhern Sehnen
Den Götter-Wert der Töne wie der Tränen.

57 赠玛丽·希马诺芙斯卡夫人[1)]

激情引来了悲怆！——
谁能把你，受伤的心儿，慰解？
谁能挽住那飞逝的时光？
苦苦的寻觅不过是镜花水月！
眼前的憔悴，当时的惘然；
大千世界，顿失真诠！

仙乐之声飘飘响起，
和声成调更成曲，
传入耳鼓，流入心底，
以永恒之美把它填注：
渴望渐升渐纯，双眼渐湿润，
受感于乐声和泪的通神之灵。

Und so das Herz erleichtert merkt behende
Daß es noch lebt und schlägt und möchte schlagen,
Zum reinsten Dank der überreichen Spende
Sich selbst erwiedernd willig darzutragen.
Da fühlte sich – o daß es ewig bliebe! –
Das Doppel-Glück der Töne wie der Liebe.

舒解的心也感到
它的搏动和搏动的愿望，
作为对这无比丰饶
的惠泽的答谢回响。
它感到了——哦，但愿常留不磨！——
音乐与爱的双重喜乐。

1）歌德对乌丽克的恋情以悲剧告终。失望之余，诗人只有从音乐中寻求慰藉。玛丽是魏玛宫廷的钢琴演奏家，她和来自柏林的女歌唱家安娜（Anna Milder-Hauptmann）同为与歌德同在玛丽安温泉度假客人中的熠熠明星。玛丽是波兰人，德文不很精通，歌德曾为她把此诗亲自译成法文。

这首诗写于1823年八月中旬，九月上旬歌德在回程中写了《伤心曲(Elegie)》，第二年三月底歌德又写了《赠维特》，这一组诗就是德国文学史上著名的《激情三部曲》，其中《伤心曲》也别称《玛丽安温泉挽歌》。

58 DÄMMRUNG SENKTE SICH VON OBEN

Dämmrung senkte sich von oben,
Schon ist alle Nähe fern;
Doch zuerst emporgehoben
Holden Lichts der Abendstern!
Alles schwankt in's Ungewisse
Nebel schleichen in die Höh;
Schwarzvertiefte Finsternisse
Wiederspiegelnd ruht der See.

Nun im östlichen Bereiche
Ahnd' ich Mondenglanz und Glut,
Schlanker Weiden Haargezweige
Scherzen auf der nächsten Flut.
Durch bewegter Schatten Spiele
Zittert Luna's Zauberschein,
Und durch's Auge schleicht die Kühle
Sänftigend in's Herz hinein.

58 暮色自天沉落

暮色自天沉落，
近物渐渐融入远景；
晚星的晶辉灼灼
早已升起在天庭！
一切依稀莫辨，
雾气浮动；
小湖，反射着渐深的幽黯，
静躺在大地怀中。

东方偿我以
明月的流辉，
弱柳的柔丝
戏波弄水。
光影的交掩
引起月华的轻颤，
清凉潜入眼帘，
又轻柔地沁入心田。

59 NUN WEISS MAN ERST

Nun weiß man erst was Rosenknospe sei,
Jetzt, da die Rosenzeit vorbei;
Ein Spätling noch am Stocke glänzt
Und ganz allein die Blumenwelt ergänzt.

59 迟归的玫瑰

不觉玫瑰花季的匆匆，
直到叶间最后一点凝红；
赖有这迟归者，百花世界
才得无憾无缺。

[**别译**][1)]
玫瑰开谢何匆匆，
转眼枝头失芳踪；
独有迟归红一点，
百花赖汝添姿容。

1）歌德晚年醉心于中国诗词。他写了14首《中德四季晨昏》（上两首和这一首都选自这组诗），极力追摹中国诗的冲淡、空灵和隽永的境界。《别译》可说是还原他的追摹的一个尝试吧！

林逋咏最早的梅花，歌德咏迟归的玫瑰，二者可谓异曲而同工。

60 ALS ALLERSCHÖNSTE

Als Allerschönste bist du anerkannt,
Bist Königin des Blumenreichs genannt;
Unwidersprechlich allgemeines Zeugnis,
Streitsucht verbannend, wundersam Ereignis!
Du bist es also, bist kein bloßer Schein,
In dir trifft Schau'n und Glauben überein;
Doch Forschung strebt und ringt, ermüdend nie,
Nach dem Gesetz, dem Grund, Warum *und* Wie.

60 世之绝美

你被目为世之绝美，
百花之后你当之无愧；
无可挑剔的常理，
人见人爱的珍奇！
你不仅把自己显示，
也集秀于外和心中的信仰于一体；
更有有心人毕生穷究
那根底和规律：你开落的过程和理由。

61 DEM AUFGEHENDEN VOLLMONDE

Dornburg, 25. August 1828

Willst du mich sogleich verlassen!
Warst im Augenblick so nah!
Dich umfinstern Wolkenmassen
Und nun bist du gar nicht da.

Doch du fühlst wie ich betrübt bin,
Blickt dein Rand herauf als Stern!
Zeugest mir daß ich geliebt bin,
Sei das Liebchen noch so fern.

So hinan denn! hell und heller,
Reiner Bahn, in voller Pracht!
Schlägt mein Herz auch schmerzlich schneller,
Überselig ist die Nacht.

61 给初升的满月

1828年8月25日多恩堡

本已举头可见，
何事又匆匆把身隐！
云涛翻飞在你周边，
顷刻间你已无踪无影。

但是你仍感知我心悲苦，
于是微露一角，浅辉如星！
似暗示我，我仍被爱如故，
虽然所爱仍远隔烟尘。

升起吧，快快把清光吐！
前路明朗，高照可期！
纵使心跳已不堪加剧，
今宵我将乐无极！

62 DER BRÄUTIGAM

Um Mitternacht, ich schlief, im Busen wachte
Das liebevolle Herz, als wär' es Tag;
Der Tag erschien, mir war als ob es nachte,
Was ist es mir, so viel er bringen mag?

Sie fehlte ja, mein emsig Tun und Streben
Für sie allein ertrug ich's durch die Glut
Der heißen Stunde, welch erquicktes Leben
Am kühlen Abend! lohnend war's und gut.

Die Sonne sank und Hand in Hand verpflichtet
Begrüßten wir den letzten Segensblick,
Und Auge sprach, in's Auge klar gerichtet:
Von Osten, hoffe nur, sie kommt zurück.

Um Mitternacht der Sterne Glanz geleitet
Im holden Traum zur Schwelle, wo sie ruht.
O sei auch mir dort auszuruhn bereitet,
Wie es auch sei das Leben, es ist gut.

62 新郎辞

深夜里，熟睡中，我亲爱的心
醒在胸膛里，仿佛正值白日；
而白天于我反似夜冥冥，
尽管它丰盈，我却茫然于它的意义。

生活里缺了她。为她一人，我曾
孜孜不倦，历尽炼火，
那热烈的时刻，多么令人振奋，
在清凉的夜晚！一切都有了善果。

夕阳西下，我们手牵着手，
挥别这一天最后的良时，
把解语的眼光互投：
但愿它，从东方，重临大地。

深夜里，星光引我，在梦里，
到她安息之地的门槛。
哦，但愿那儿也为我留一席
长眠处，浮生之余，唯留此念。

63 FRÜH WENN TAL, GEBIRG UND GARTEN

Früh wenn Tal, Gebirg und Garten
Nebelschleiern sich enthüllen,
Und dem sehnlichsten Erwarten
Blumenkelche bunt sich füllen;

Wenn der Äther, Wolken tragend,
Mit dem klaren Tage streitet,
Und ein Ostwind, sie verjagend,
Blaue Sonnenbahn bereitet;

Dankst du dann, am Blick dich weidend,
Reiner Brust der Großen, Holden,
Wird die Sonne, rötlich scheidend,
Rings den Horizont vergolden.

63 晨间，当雾幕揭去

晨间，当雾幕揭去，
自山谷、峰峦和我的花园，
百花争相满足
最渴望的期待；

当带着云气的朝氛
在晴空下嬉戏追逐，
而东风，驱赶着白云，
为日轮前驱开路；

面对悦目的美景，你感恩，
澄怀一如造化的崇伟与可亲，
落日，残红裹身，
正赶上把地平线染得闪闪似金。

64 IHR VERBLÜHET, SÜSSE ROSEN

Ihr verblühet, süße Rosen,
Meine Liebe trug euch nicht;
Blühtet, ach! dem Hoffnungslosen,
Dem der Gram die Seele bricht!

Jener Tage denk' ich trauernd,
Als ich, Engel, an dir hing,
Auf das erste Knöspchen lauernd
Früh zu meinem Garten ging;

Alle Blüten, alle Früchte
noch zu deinen Füßen trug,
Und vor deinem Angesichte
Hoffnung in dem Herzen schlug.

Ihr verblühet, süße Rosen,
Meine Liebe trug euch nicht;
Blühtet, ach! dem Hoffnungslosen,
Dem der Gram die Seele bricht!

64 你们凋谢了，可爱的玫瑰

你们凋谢了，可爱的玫瑰，
我的爱留不住你们；
啊，绽放吧！为我，这心如死灰、
灵魂被悲伤蹂躏的人！

那个清晨，当我满怀凄悲，
依恋着天使般的你，
期待着第一朵花蕾，
走进我的花园里；

闲花野果齐集
你的裙下承宠，
仰望你的芳姿，
希望在心里搏动。

你们凋谢了，可爱的玫瑰，
我的爱留不住你们；
啊，绽放吧！为我，这心如死灰，
灵魂被悲伤蹂躏的人！